꿈, 그리다

아이스케키 장수 • 월남치마 • 의사 • 운전사 보조 • 탤런트
선생님 • 영화배우 • 서울 부자 • 과수원 • 미용사 • 코메디언
디자이너 • 성악가 • 현모양처 • 엄마

ART'ON EARTH

<꿈, 그리다> 사용 안내

<꿈, 그리다>는 어르신들의 어린 시절 꿈과 소원에 관한 이야기를 듣고 엮었습니다.
힘들지만 어린 시절 마음에 품은 꿈들이 소중하게 남아 여전히 삶을 반짝이게 합니다.

모아온 꿈 이야기를 색칠하고 따라 쓰며 그 시절 나의 꿈에 대해서도 떠올리고 나눠보세요.

그림은 형태를 잘 인식할 수 있도록 부분부분 음영을 넣었습니다.
색연필, 사인펜, 컬러 붓펜 등 다양한 채색 도구를 사용해서 장면을 색칠해 보세요.

캘리그라피는 손으로 그린 그림 문자라는 뜻입니다.
아래 안내를 참고하여 그림의 글씨를 따라 쓰거나 색칠하여 완성합니다.

붓펜은 어떻게 사용하나요?

붓펜은 필압 조절에 따라 굵은 선과 얇은 선,
거친 선과 부드러운 선 등 다양한 질감을 표현할 수 있는 도구입니다.

붓펜을 선택할 때는 유연한 모를 가진 것이 좋습니다.
딱딱한 붓펜의 경우 다양한 선을 표현하기가 어렵습니다.

붓펜이 준비되었다면 일반 필기도구와 같은 방법으로 붓펜을 잡고 시작합니다.
너무 짧게 잡으면 필압 조절이 어려울 수 있습니다. 붓펜을 잡은 손의 새끼손가락을 펴서 바닥을 지지하면
균일한 힘을 유지하여 안정적인 선을 그릴 수 있습니다.

굵은 선을 그릴 때는 붓펜을 45도 정도 눕힌 상태에서 적당히 눌러서 글씨를 쓰고,
수직으로 세울수록 가는 선을 표현할 수 있습니다.

QR코드를 따라 들어가면 15장의 그림 속 글씨 체본이 있습니다.
필요에 따라 다운로드 후 인쇄하여 연습에 활용해 보세요.

여전히 빛나고 있는 마음속 꿈을 발견하는 시간 되시기를 바랍니다.

누나는 샌드 나는 아이스케키

초등학교 3, 4학년 때 아이스케키 장사를 몇 번 했어. 엄마 아빠 모르게.
그걸 먹고 싶은데 사 먹을 돈이 없으니 아이스케키 장사를 했다니까.
농협 옆에 가면 친구네 아이스케키 가게가 있었어.
다 동네 애들이라 얼굴을 아니까 팔아오라고 미리 내 준다고.

거기 가면 통도 있고 다 있어.
겉에는 나무 상자인데 페인트로 아이스케키 이렇게 쓰여있고.
안에는 스티로폼으로 되어 있고 비닐 같은 거가 코팅이 돼 있었어.
그걸 어깨에 메고 아이스케키를 받아서 넣고 파는 거지.

그거 팔면 이윤이 남잖아. 그걸로 아이스케키 사 먹는 거야.
우리 누나는 샌드, 나는 아이스케키.

언제커서 월남치마 입어보나

언제 커서 월남치마 입어보나

오빠가 많아서 맨날 기가 죽어서 살았던 것 같아.
내가 좀 순한 편이었거든.
같이 다닐 언니가 있었으면 좋겠다고 생각했지.

엄마들 입는 월남치마 있잖아.
맨날 오빠만 따라서 바지만 입으니까
언제 커서 저걸 입어보나 그 생각만 했어.
월남치마도 사실 못생겼잖아. 그냥 고무줄 이렇게 해갖고.
집에 뭐 언니들이 있어서 이쁜 치마가 있는 것도 아니고
맨 바지만 입으니까 그거라도 입고 싶어가지고....

결국 치마는 거의 못 입다가 교복이 처음 입은 치마였어.

엄마가 아프니까 의사가 되고 싶었어

자다가 숨이 막 넘어갈 정도로 엄마가 많이 아프셨거든.

어린 마음에도 의사가 되면
우리 엄마 병도 고칠 줄 알고 그런 거지.

한번은 집 뒤 뜰에서 몰래 개구리 해부를 하다가 언니들한테 들켜서 맞기도
많이 맞았어. 징그럽게 이런 짓 하고 앉았다고.
근데 난 그렇게 호기심이 들더라고.

오 남매인데 언니들이 밭으로, 들로 일하러 데리고 나가서
더는 못 배웠어.

버스타고 친정대서에 엄마나 출근가

<꿈, 그리다>

버스타고 훨훨다니면 얼마나 좋을까

버스가 지나가면 신작로에 먼지가 뽀얗게 확 피어오르는데
애들이 막 그걸 따라다니는 거야. 차가 하도 귀하니까.
어쩌다 미군 트럭이나 버스 같은 건 봐도
자가용 같은 건 볼 수도 없었어.
차를 보는 것도 귀하고 타는 건 더 귀했어.

운전사는 너무 대단해 보여서 꿈도 못 꾸고
운전사 보조라도 하면 좋겠다 한 거지.
버스 타고 어디든지 훨훨 다니니까 얼마나 좋을까 싶어서.

시동 거는 스타팅 모터가 그때는 없어서
조수가 운전사 옆에서 경운기처럼 돌려야 시동이 걸려.
그래서 남자 조수들이 많았어. 택시도 그렇고 버스도 그렇고.

땡땡이 치고 롤러장 갔어

땡땡이 치고 롤러장 갔어

송충이 잡아서 친구들 신발주머니에 넣고 하도 장난을 쳐서
우리 아버지가 학교에 참 많이 불려 다니셨어.
학교 다닐 때 내가 말괄량이였거든.

수업 땡땡이 치고 롤러장에도 자주 갔어.
한 번은 롤러스케이트를 타는데 어떤 사람이 "탤런트 시험 한 번 볼래?"
하면서 명함을 주는 거야.
그래서 겁도 없이 몰래 시험을 보러 갔어.
1차를 붙고 이제 2차 보려고 갔다가 아버지한테 들켜서
신나게 혼나고 끌려 나왔어.
우리 아버지가 내 머리채를 잡아끌고 나오면서
이게 어디 집안 망신시킬 일 있냐고 난리였어.
그때는 탤런트를 딴따라라고 하던 때거든.

수학을 잘했어

수학선생님을 좋아해서

수학
100점

영어
52

23×56=?

<꿈, 그리다>

수학을 잘했어
수학선생님을 좋아해서

애들 가르치는 게 멋있어 보여서 선생님이 되고 싶었어.

새로 부임하신 수학 선생님이 총각 선생님이었어.
지금 생각하면 별로 잘생기지도 않았는데 내가 그 선생님을 좋아했어.
선생님을 좋아하니까 돋보이려고 애를 썼지.
수학을 잘 못했는데 잘 보이려면 공부도 더 해야 될 거 아니야.
그러니까 열심히 했어.
선생님도 그걸 아셨는지 나를 예뻐해 주셨어.
수학 선생님을 좋아하니까 수학을 더 잘하게 되더라고.

사실 나는 그림 그리는 거랑 음악을 좋아해서 미술 선생님이 되고 싶었지.

영화 속 세상이 너무 환상적인 거야

난 꿈이 선명했어. 영화배우.
극장 가려고 하면 어른들이 돈을 잘 안 주니까
명절에 세뱃돈 받으면 그 돈으로 가는 거야.

다음날 학교 가서 영화 본 얘기를 하다 보면 선생님이 오신 것도 모르고
칠판에 써 가면서 떠드는 거지. 그럼 애들이 재밌어 죽어.
선생님이 출석부로 머리를 치면서
"이놈아, 또 지껄이냐? 또 영화 봤어?" 하고 혼내시곤 했어.

그때는 금지 영화들이 있었어.
엄마 한복 치마를 입고 몰래 들어가서 봤다니까, 글쎄.
한번 들어가기가 힘드니까 주말에는 하루 종일 있다가
세 편을 다 보고 나오곤 했지.

서울가서 돈많이 버는것

서울 가서 돈 많이 버는 것

시골 시장에 있는 빵집 가면 왜 큰 찐빵 있잖아.
그 앞을 지나가면 김이 무럭무럭 나는 거야.
사달라고 말도 못 하고 사주라고 땡깡도 못 놓고
집에 와 병이 나서 드러누우면 엄마가 찐빵 하나를 사 오라고 해.
그러면 딱 이만큼 먹고 쳐다보는 동생들 줬어.

사람들이 서울만 갔다 오면 돈을 많이 벌어 오니까
서울 가면 사람들이 돈을 많이 주워 오는가 했어.

나도 돈 많이 벌어서 동생들이랑 찐빵도 실컷 먹고,
우리 엄마 집도 사주고, 논도 사주고 싶었는데....
서울 가서 고생한 건 말로 다 못 해.

쌀 사다 먹으라고 돈 좀 줬더니 그놈 갖고 우리 노인네가 울어 싸터라고.
네가 서울 가서 이렇게 돈을 벌어 갖고 왔네 하면서.

그래도 나는 섬이 좋아

고향이 거제도 섬이라 어렸을 때 맨날 바다에 가서 수영을 하고 놀았어.
파도가 치고 태풍이 불면 별게 다 밀려 밀려서 섬 쪽으로 오는 거야.
사과 같은 과일도 막 떠내려와. 반 쪼개진 것도 있고....
그러면 그중에서 멀쩡한 걸 골라서 씻어 먹고 그랬어.
섬이라 생선은 많아도 과일은 귀하니까.

섬은 좀 가난하잖아. 그래도 나는 섬이 좋았어.
공기도 좋고, 해변가에 가면 물이 맑아서 물고기도 다 보이고.
나중에 크면 과수원을 하고 싶었어.
섬에 사는 사람들한테 과일을 많이 나눠주고 싶었거든.

미용실 같은 걸 해보고 싶었어

내가 꾸미는 걸 좋아해.
집 가꾸는 것도 좋아하고 머리도 내 스타일로 손질하는 걸 좋아하니까
미용을 배울까 했던 건데 결혼하면서 못했지.

그래도 결혼해서 애들 바가지 머리는 내가 다 잘라줬어.
앞머리 둥글둥글 돌아가면서 자르고
여기 뒤죽지에 삐죽삐죽 나오는 것들 다듬으면
바가지 모양으로 깔끔해지는 거야. 하하하.
애들이 왜 맨날 바가지 머리냐고 툴툴거렸어.
내 눈엔 이쁘기만 했거든.

사람들이 웃으면 내 마음도 흐뭇해

내 꿈은 맨날 코메디언.
노래하고 웃기고 사람들이 좋아하면 그게 그렇게 좋더라고.
어렸을 때 엄마가 나를 친척 집에 보냈어.
형제가 많아서 먹고살기 힘드니까 밥 좀 얻어먹고 있으라고.

산골이라 겨울에는 할 게 없으니까 동네 어르신들이 사랑방에 다 모여.
누군지 모르게 헌 옷 입고 분장도 하고 막춤을 추면
어르신들도 신이 나서 박수 치고 춤도 추고 그랬지.

지금도 나는 어디를 가면 일단 분위기부터 살려놓고 보는 거야.
나를 이렇게 좋아해주니까 나도 좋은 거지.

그랬으면 지금 유명한 디자이너일수도

아버지가 삼 대 독자였는데 공부를 안 하고 중국으로 다니면서
기술을 배워서 재단사가 된 거야.
할머니가 너는 아버지처럼 살지 말아라, 공부해라 했는데
나는 아버지 양장점 가서 오버로크 치고 하는 게 재밌더라고.
손으로 하는 건 다 잘했으니까.

근데 할머니가 팔자 세다고 못 하게 해서 결국 상고를 갔어.
일하면서 양재학원에 다닐까도 했어.
그랬으면 내가 지금 유명한 디자이너가 됐을 수도 있지.

봄의 교향악이 울려퍼지는

어린 시절 차멀미를 심하게 해서 어디를 못 가봤어.
그래도 우리 집이 교회를 다녔거든.

그때 교회 목사님 딸이 유명한 성악가였어.
가끔 와서 노래하는 것도 들려주고 가르쳐도 주니까.
그 사람 모습이나 소리가 나를 매료시켰지.
그래서 나도 성악가가 되고 싶었어.

노래도 잘했고 워낙 음악적인 재능이 있어서 악보도 한 번에 잘 보고 그랬어.
꿈을 이루지는 못했지만, 교회 지휘자 생활을 30년 했어.
결혼식 축가도 많이 하고, 노래하는 자리 있으면 노래도 많이 하고.

지금도 봄의 교향악을 제일 좋아해. 봄의 교향악이 울려 퍼지는~

결혼해서 잘사는게 꾀고싶었

결혼해서잘사는게최고였어

바느질을 잘해야 시집을 잘 간다고 해서
십자수도 놓고, 햇대보에도 놓고 맨날 수 놓았어.

부모님이 고생하지 말라고 곱게 길러서 도시로 시집을 보냈는데
꿈하고 달라. 시집살이가 너무 고된 거지.
엄마 품에 있을 때가 좋았어.

연탄불에다 밥을 해야 하는데 맨날 밥이 타고 설익고....
살림을 못해가지고 눈치 많이 받았어.

엄마 보고싶어

<꿈, 그리다>

엄마가 보고 싶어

딸이랑 여행 가서 창밖을 보는데
엄마 생각이 나서 눈물이 나는 거야.
이 좋은 걸 엄마도 보면 참 좋을 텐데…싶어서.

엄마가 나를 참 많이 사랑해 주셨어.
내가 어릴 적에 많이 아팠거든.
뭘 잘 안 먹으니까 뭐라도 하나 먹고 싶다고 하면
어디라도 가서 그걸 구해다 주시는 거야.
대봉감을 구해오면 나를 무릎에 앉혀놓고 감을 발라주고
껍데기는 오빠들을 주고 그랬어.
"나는 네가 잘 먹는 것만 봐도 배가 부르다." 하시면서.

비 오는 날 창밖을 봐도 엄마 생각이 나고, 참 많이 그리워.